*Dort wo Du Ruhe findest,
findest Du Dich.
Findest Dein Leben,
findest Deine Gedanken,
kannst Deine Gedanken,
sehen, fühlen, spüren …
Ruhe, Zufriedenheit,
die Kraft der Entspannung.*

Ralf Häntzschel

Selbsthypnose Leitfaden

... zum Selbststudium

... Skript zum Seminar

Bibliografische Information der Deutschen Nationalbibliothek:
Die Deutsche Nationalbibliothek verzeichnet diese Publikation in der Deutschen Nationalbibliografie; detaillierte bibliografische Daten sind im Internet über http://dnb.dnb.de abrufbar.

© 2016 Ralf Häntzschel / Hypnos.esslingen (www.hypnos-esslingen.de)

1. Auflage 2016
2. Auflage 2017

Illustration: Häntzschel Art & Design
Fotografie: Häntzschel Art & Design

Herstellung und Verlag: BoD – Books on Demand, Norderstedt

ISBN: 978 374 319 659 9

Inhaltsverzeichnis

	Seite
Selbsthypnose ... Was Sie in diesem Seminarheft erwartet	7
1 Selbsthypnose	13
1.1 Phasen der Selbsthypnose	14
1.2 Zielsetzung / Vorsatz	15
1.3 Herbeiführung der Trance	18
1.3.1 Trancetiefen	21
1.3.2 Hirnwellen Frequenzen	23
1.3.3 Hinweise & Anmerkungen	25
1.4 Suggestionen	27
1.4.1 Bedeutung	28
1.4.2 Wichtige Grundregeln	29
1.5 Ausleitung / Rückführung	31
2 Methoden der Selbsthypnose	33
2.1 Selbsthypnose – Trance durch Hypnose - Trigger	33
2.2 Induktion nach Betty Erickson	34
2.3 Augenschluss Methode	38
2.4 Zähltechnik	41
2.5 Atemtechnik / Entspannung	42
3 Anwendungsgebiete	47
3.1 Analgesie & Anästhesie	48
Schlusswort	57
Der Autor	58

Selbsthypnose ...
Was Sie in diesem Seminarheft erwartet?

Der folgende Text wurde ursprünglich als „Handout" der von mir durchgeführten Selbsthypnose Seminare konzipiert.
Es hat sich jedoch gezeigt, dass dieser Text auch eine sehr gute Basis darstellt, um Selbsthypnose, die Technik der Selbsthypnose und deren Anwendung autodidaktisch zu erlernen.

Unter Selbsthypnose versteht man generell, sich in einen tiefen Entspannungszustand zu versetzten. Synonym wird oft für diesen entspannten Zustand auch die Bezeichnung „Trance" verwendet.
Nach Durcharbeitung wird es Ihnen möglich sein, eine Trance zu induzieren, sich Suggestionen geben zu können und eine Ausleitung aus der Trance durchzuführen.
Sie werden die verschiedensten Techniken verstehen, erleben und anwenden können.

Mythos „Hypnose"

„Hypnose" in unserem Kulturkreis manchmal noch ein Begriff, welchem etwas „ÜBERSINNLICHES, MYSTISCHES, oder gar GEFÄHRLICHES anhaftet.
Nicht wenige Zeitgenossen, verzichten lieber auf die Chance einer „Hypnose", aus Furcht, es könnte etwas stattfinden, was sich der eigenen Kontrolle entzieht.

Doch diese Angst ist meist nur das Resultat von Unwissenheit, oder Fehlinformationen.

„Hypnose" ist keine Narkose, „Hypnose" ist nicht das willenlose Ausgeliefert sein.

„Hypnose" ist „*lediglich*" ein veränderter Bewusstheitszustand, in welchem unsere Wahrnehmung, unsere Konzentration nach „INNEN" gerichtet ist.

Wir haben in diesem Zustand die Chance zur Kommunikation mit unserem Unbewussten.

Wir können, Ressourcen abrufen, doch was entscheidender ist, wir können nicht gekannte, nicht erahnte Ressourcen entdecken und die Erkenntnisse daraus umsetzen und nützen.

Alleine schon die Tatsache, dass das Wachbewusstsein ca. 5 % und das Unbewusste (Unterbewusstsein) ca. 95 % unserer gesamten Wahrnehmung beträgt, zeigt uns die endlosen Möglichkeiten auf.

Auch würde niemand unter „Hypnose" etwas tun, was gegen die eigene moralische Wertevorstellungen verstößt.

Und alle kommen sie zurück, niemand bleibt in Trance.

Letztendlich zwingen einem banale körperliche Verlangen zurück in die Wirklichkeit.

Alles was geschieht,
geschieht weil „DU" es willst,
weil Du es zulässt.

Coaching mit Hilfe von Selbsthypnose.

Im Rahmen der Selbsthypnose haben wir die Möglichkeit tief in unserem Inneren Gefühle, Wünsche, Ängste aber auch Stärke, Kraft und Wege zu finden.
Also eine Bestandsaufnahme durch uns in uns.
Grundlage jeden Coaching Prozesses ist die Bestandsaufnahme (IST Analyse) und die darauf basierende Definition des oder der Ziele und deren Umsetzung.
Hierbei kann es sich um persönliche und oder berufliche Inhalte handeln.
Doch Achtung beim Selbstcoaching besteht immer die Gefahr des nicht Erkennens.

„Oftmals sieht man eben vor lauter Bäumen den Wald nicht"

„Betriebsblindheit" wird abgebaut, neue Gesichtspunkte werden erkannt und in der Folge ergeben sich neue Handlungsmöglichkeiten.
Entscheidend für den Erfolg ist, die gründliche Bestandsaufnahme, die Stimmigkeit der Ziele, sowohl für die Person, als auch für die Mitmenschen und die Umwelt.
Ziele müssen realistisch, erreichbar und zeitlich definiert sein.

- Bestandsaufnahme
- Ziel Definition
- Anwendung

Wie in jedem Bereich, treffen wir auch bei den Angeboten und Lektüren über Coaching auf Scharlatane, auf selbsternannte Gurus, kurz, auf größenwahnsinnige Selbstüberschätzer.
Selbsthypnose ist ein Werkzeug, kein Spielzeug für Selbsternannte Coachs, Besserwisser und oder Weltverbesserer.
Wem gereicht es zur Ehre über glühende Kohlen zu gehen?
Wer zieht einen Nutzen aus einem Survivals Camp in dem Regenwürmer, Maden oder weiß sonst was, verspeist werden?
„Tolles Gefühl", „wahnsinniger" Stolz, wenn man es dann herumerzählen kann, was man doch für eine TOLLE Person geworden ist ...
Selbstsicherheit, eigene Werte und Überzeugung entstehen dadurch wohl kaum und letztendlich wird ein unsicherer Mensch dadurch kein sicherer Mensch, und wohl kaum menschlicher und außer den so genannten „Promis" wird es wohl kaum jemanden geben, die/der so etwas aus freien Stücken tut.
Eventuell ist das einzige Ergebnis, eine wahnhaft gesteigerte Selbstüberschätzung.
Selbsthypnose gibt uns mehr, gibt uns Ruhe und Entspannung.

„Was habe ich von Ruhe und Entspannung?"
Ganz einfach : „Erfolg"
Denn Entspannung ist Ruhe,
Ruhe ergibt Motivation
und Motivation ergibt Erfolg !

Und genau hier setzt eine seriöse Selbsthypnose an.

Im privaten oder im beruflichen Leben einfach und jederzeit in der Lage zu sein sich zu Entspannen, innere Ressourcen aktivieren, Ruhe und Kraft finden.   Zielstrebigkeit, Konzentration, Motivation.

Voraussetzung jedoch ist, dass man es will, und aus freien Stücken Entspannung als Weg akzeptiert wird.

Dies ist nicht die Methode für Menschen, die nur Wert auf Wettbewerb auf „ICH BIN BESSER", und innere Schlachtereien legen.

Vorgesetzte, die Mitarbeiter zu sich rufen, um sie zuhören zu lassen, wie sie am Telefon einen anderen Mitarbeit „rund machen" ... diese Leute sollten fernbleiben und auch weiterhin versuchen über glühende Kohlen zu gehen.

Durch Selbsthypnose, wird ein guter Verkäufer, selbstsicherer, da einfach eine innere Ausgeglichenheit vorhanden ist.

Klar ist auch, das ein schlechter Verkäufer dadurch kein besserer wird, aber er wird die eigenen Ressourcen erkenn und das tun, wozu seine Fähigkeiten, besser geeignet sind, denn Erkenntnis, Selbstfindung und Vertrauen sind nur ein kleiner Teil, den man in sich entdecken kann.

Selbsthypnose ist eine Methode für jeden Menschen.

Sei es als mentales Training, um sportliche Erfolge zu steigern, zur Vervollkommnung und zur absoluten Entspannung.

Jeder profitiert, jeder kann es anwenden ...

Im Sinne von Émile Coué, dem Begründer der Autosuggestion:

„Es geht mir mit jedem Tag,
in jeder Hinsicht,
immer besser und besser!

1 Selbsthypnose

Selbsthypnose ist sicherlich eines der wichtigsten und wirkungsvollsten Werkzeuge, welche uns im Baukasten der Natur zur Verfügung stehen.

Selbsthypnose hilft uns unsere Ziele zu erreichen, Entspannung zu erlangen, Ängste zu überwinden und vieles mehr.

Im Gegensatz zu den klassischen Entspannungsverfahren wie autogenes Training, Yoga usw., kann Selbsthypnose auch als aktives Selbstcoaching eingesetzt werden. Hier zeigt sich ein sehr großer Vorteil gegenüber dem reinen Verhaltenstraining.

Stressabbau, Veränderung von unerwünschten Verhaltensmustern, können durch die Methode der Selbsthypnose effektiv erreicht werden.

Im medizinischen Bereich der Hypnose werden Weltweit immer noch kleinere Operationen und Zahnbehandlungen (inkl. Wurzelbehandlungen) durchgeführt. Auch mit Selbsthypnose ist dies durchaus zu erreichen, wobei selbstverständlich mehr Erfahrung und Übung dazu nötig ist.

Auch gibt es Studien der Universität Basel, welche belegen, das im psycho-somatischen Bereich vor allem bei Erkrankungen des Immunsystems und bei Allergien, Linderung durch Selbsthypnose erreicht werden kann.

Im unterschied zur fremdbestimmten Hypnose, wird bei Selbsthypnose in der Regel nur auf die eigenen Ressourcen zurückgegriffen.

1.1 Phasen der Selbsthypnose

Jede Arbeit, jedes geplante Vorgehen hat einen Ablauf.
Eine Hypnosesitzung wird nicht einfach aufs geradewohl gegeben und genau so sollte es sich mit der Selbsthypnose verhalten.
Feste Regeln, muss das sein?
Es soll kein Zwang entstehen, aber meist, wird folgendes Muster verwendet.

- Zielsetzung, der Vorsatz

  Reine Entspannung oder Wirkhypnose

- Herbeiführung eines geeigneten Bewusstheitszustand

  Art der Induktion

- Suggestionen geben

  geplante detaillierte Ausführung

- Ausleitung und Rückkehr ins Hier und Jetzt, also zum Alltagsbewusstsein

  Ausleitung oder Schlaf ...

1.2 Zielsetzung / Vorsatz

Sofern eine Selbsthypnose nicht eine reine Entspannungsreise, eine tiefe Meditation, ein zur Ruhe kommen ist, sollte sie immer wie schon gesagt gut vorbereitet sein.
Es ist darauf zu achten, dass Ziele den so genannten *„wohlgeformtheits* Kriterien" entsprechen.
Hierbei kann uns das S.M.A.R.T Modell helfen.
Der Begriff S.M.A.R.T. stammt aus dem NLP
(Neuro-Linguistisches Programmieren).
Die Vorgehensweise, der Grundgedanke, der Inhalt, wird jedoch seit Urzeiten in den verschiedensten Psychotherapieformen angewandt.
Grundsatz ist ein Ziel in einer definierten Klarheit und Stimmigkeit und Zeitvorgabe zu stellen und zu erreichen.

- **S** Sinnesspezifisch / sichtbar / Bild / Symbol
- **M** Messbar
- **A** Attraktiv
- **R** Realistisch
- **T** Terminiert

Wohlgeformt ...?

Ziele sollten nicht nur klar, sondern auch wohlgeformt, sollten STIMMIG für die Person und die Umwelt definiert sein.

Sinnbildlich	schön schlank zu sein.
Messbar	x Kg abnehmen.
Attraktiv	x Kg weniger sind mein Traum.
Realistisch	x Kg sind machbar.
Terminiert	Zeitlich greifbar, mit Zwischenzielen.

Da die eigen Wahrnehmung in Trance meist verändert ist, oftmals wie in einem Traum, sind Dinge möglich, welche eben nur in diesem Zustand möglich sind.

Bei Selbsthypnose (aber auch bei heterogen geführter Hypnose) ist es leider oftmals nur schwer, oder sogar nicht möglich, dass bewusste Suggestionen gegeben werden können.

Sei es durch einen zu tiefen Zustand der Trance, oder sonstige Faktoren.

Daher empfiehlt es sich im Vorfeld ein eindeutiges Ziel einen eindeutigen Vorsatz definiert zu haben.

Dieses Ziel, oder dieser Vorsatz wird uns dann in der Phase in welcher wir nicht direkt suggestibel tätig sein können weiter helfen, denn unser Gehirn wird damit (mit dem Vorsatz) die „Lücke" füllen. Der Fachausdruck hierfür ist Priming und kommt aus der Hirnforschung. Priming beschreibt die neurologischen Mechanismen der Aufmerksamkeits-Fokussierung.

Wer kennt es nicht, wer hat nicht die Erfahrung, beim Tagträumen gemacht, man denkt an etwas Positives und siehe da, sollte man einnicken, wird der Trauminhalt meist in die Richtung des zuvor gedachten gehen.

VORSATZ ⬌ FOKUSSIERUNG ⬌ WAHRNEHMUNG

Bei Selbsthypnose wirkt sich ein Vorsatz wesentlich stärker aus als beim Tagträumen, oder als beim normalen wachbewussten Zustand. Dies kommt nicht zuletzt daher, dass in „Trance" die Wahrnehmung stark nach innen gerichtet ist.

Wichtig ist aber, dass der Vorsatz POSITIV ist, denn die Wortwahl hat eine starke sinnliche Beeinflussung, auf Fokussierung und Wahrnehmung.

- Vorsatz

    - Entspannt sein
    ⇒ Fokussierung
    = Ruhe, Ausgeglichenheit ...

- Vorsatz

    - Weg mit Verspannungen
    ⇒ Fokussierung −
    = Suche nach Verspannungen ...

1.3 Herbeiführung der Trance

Eine Hypnose / Trance kann auf verschiedenste Art und Weise hervorgerufen werden. Da beide Begriffe oft synonym verwendet werden, nachfolgend eine kurze und einfache Erklärung:

Hypnose beschreibt das Verfahren, die Technik, als auch den Zustand, welcher durch dieses Verfahren erzeugt, hervorgerufen wurde.

Trance beschreibt den Ruhezustand, den Entspannungszustand den veränderten Bewusstseinszustand.

Was erzeugt Trance ? Wie erleben wir Trance ?

Trance ist ein Zustand, welchen wir in der Regel mehrmals täglich erleben, es ist so gesehen ein natürlicher Zustand, den wir jedoch auch bewusst durch Hypnose, oder Selbsthypnose erreichen können.
Um Ihnen zu verdeutlichen, was es heißt Trance zu erleben, denken Sie doch einfach mal darüber nach, wie oft ist es schon vorgekommen, das Sie ganz vertieft vor dem Fernseher gesessen sind und Ihr Partner Sie fast schon anbrüllen oder wachrütteln musste, obwohl sie eigentlich gar nicht dem Film gefolgt sind … ja, auch dies ist ein Trancezustand.

Sie fahren mit dem Auto und denken, oh ist das langweilig die ewige Autobahn. Leitplanken, Mittelstreifen …
Und plötzlich, sind sie angekommen, ja auch hier handelt es sich um Trance.

Kurz wir geraten zumindest immer in Trance, beim **Aufwachen**, beim **Einschlafe**n, beim **Tagträumen**.
Wir alle kennen das Gefühl kurz vor dem Einschlafen oder kurz nach dem Aufwachen .. War das nun REAL?
Irgendwie fehlt da noch der Bezug zur Realität ...
In der Fachsprache nennt man dies „hypnagoge Halluzination."

Die Frage, wie erleben wir Trance ist genauso einfach zu Beantworten.
Haben Sie Erfahrung in Autogenen Training, Yoga oder anderen Entspannungstechniken? Wenn ja, dann sind Sie bereits unserer Trance begegnet. Aber sicher ist das sie noch weitere Trancetiefen durch Selbsthypnose erleben werden.

Ist das ALLES? Ja, das ist ALLES, denn Hypnose ist keine Narkose, wir sind nicht ohne Bewusstsein. Dennoch Hypnose ist ... eben erheblich VIEL.

Lassen Sie es uns angehen, entdecken Sie die Möglichkeiten."

Doch zurück zur Frage, was erzeugt Trance?

Eine ganze Menge!

- **Meditation**
- **Rituale**
- **Hypnose**
- **Lesen**
- **Sport**
- **Sex**
- **Angst**
- **Krankheit**
- **Musik**
- **Entspannung**
- **Und vieles andere mehr ...**

Unser Thema : Selbsthypnose, da haben wir zum einen die Möglichkeit einen Trance Anker von einem Hypnotiseur in einer Hypnosesitzung setzten zu lassen. Doch unser Ziel ist es, die Anwendung der reinen Selbsthypnose, ohne ein zutun Dritter.

In Kapitel 2 werden wir uns dann mit den verschiedenen Techniken intensiv beschäftigen.

1.3.1 Trancetiefen

Bei Selbsthypnose kann man feststellen, dass das erleben der Trance in einer abgeschwächten Form stattfindet. Wobei dies nur anfänglich so ist und durch Üben relativ schnell das erreichen „aller" Trancetiefen möglich ist.

Anmerkung :
Eine sehr tiefe Trance nimmt uns die Möglichkeit suggestibler Arbeit, da wir hier keine Suggestionen mehr übermitteln können.
In der Regel stufen wir Trance in drei Stufen ein, leichte, mittlere und tiefe Trance. (Tatsächlich gibt es natürlich weit mehr Stufen, welche jedoch für uns ohne Relevanz sind)

- **Leichte Trance** (Somnolenz)
  Man könnte auch sagen Meditation als Weg zum Tor zur Trance.
  Hier ist das Wachbewusstsein noch voll aktiv und die meisten werden nach der Sitzung explizit darauf bestehen nicht in Trance gewesen zu sein.
  In diesem Entspannungszustand, sind wir jedoch bereits bereit für einfache Suggestionen.

- **Mittlere Trance** (Hypotaxie)
  Die mittlere Trance ist der Zustand, welchen wir in den meisten Sitzungen anstreben. Wir befinden uns in einer sehr

angenehmen tiefen Entspannung.
Das Wachbewusstsein ist kaum noch aktiv und dadurch sind wir in der Lage durch Suggestionen, Veränderungen mit großer Tragweite vorzunehmen.

Es ist möglich in diesem Zustand Glaubenssätze *NEU*, oder *UM* zu Programmieren.
Körperfunktionen wie Kreislauf und Atmung sind herabgesetzt und können sogar in diesem Zustand beeinflusst werden. In dieser mittleren Trance ist es auch möglich Schmerzen zu ertragen (Analgesie).
Wir haben nach der Sitzung meist ein seltsames Körperempfinden und eine gestörte Zeitwahrnehmung (oft werden Sitzungen von 45 Minuten als nur 15 bis 20 Minuten Dauer empfunden).

- **Tiefe Trance** (Somnambulismus)
  Tiefe Trance ist der Zustand der absoluten Entspannung, da das Wachbewusstsein kaum, eher nicht mehr aktiv ist, ist es in diesem Zustand meist nicht mehr möglich in Selbsthypnose Selbstsuggestionen geben zu können.
  Es ist möglich eine andere Realität und auch Halluzinationen zu erzeugen.

Zusammenfassend muss erwähnt werden, dass die Übergänge der einzelnen Stufen während einer Hypnosesitzung fliesend sind. Es ist nicht möglich eine Sitzung so zu gestalten dass man immer in ein und der selben Trance Tiefe verbleiben kann.

1.3.2 Hirnwellen Frequenzen

Betawellen (15-30 je Sekunde)
Betawellen sind die vorherrschenden Frequenzen des Wachbewusstseins. Je ruhiger unser Zustand ist, je niedriger sind die Betawellen (15-16), bei mehr Aktivität, messen wir mehr mittlere Betawellen (16-18).
Liegt großer Stress vor, meist wenn negative Emotionen wie Wut, oder Aggressionen usw. vorhanden sind, misst man hohe Frequenzen von 19-30.
Niedere Betawellen finden wir auch in der "Leichten Trance".

Alphawellen (8-14 je Sekunde)
Diese Frequenzen finden wir in der Regel bei leichter Entspannung, oder jedes Mal wenn wir uns wohlfühlen, wie beispielsweise beim Tagträumen.
Bei Hypnose in einer "Leichten und Mittleren Trance".

Thetawellen (4-7 je Sekunde)
Thetawellen herrschen in der sehr tiefen Entspannung, sowie im Schlaf vor.
Bei Hypnose in der "Mittleren und der Tiefen Trance" .

Deltawellen (0,5-3 je Sekunde)
Deltawellen finden sich im Tiefschlaf, also im traumlosen Schlaf, bei Bewusstlosigkeit, im Koma oder kurz vor dem Tod vor.
Deltawellen sind für hypnotische Anwendungen nicht geeignet,

denn es muss ja noch eine Kommunikation zwischen Hypnotiseur und Hypnotisierten möglich sein.

Wir können lernen, bewusst Alpha- oder Thetawellen zu produzieren, je nachdem, ob wir eine leichte oder eine tiefe Entspannung erreichen wollen.
Hingegen haben Laborversuche ergeben, dass nur sehr, sehr wenige Versuchspersonen bewusst einen Zustand erreichen können, in dem die Deltawellen vorherrschend sind.

Wenn wir eine gute Entspannung erreicht haben, haben wir, die beste Chance für eine erfolgreiche Arbeit.
In einer Entspannung, in der die Alpha- und Thetawellen vorherrschend sind, haben wir den Zugang zu den Schichten unseres Unbewussten, zu denen wir im Wachbewusstsein keinen Zugang bekommen können.

1.3.3 Hinweise & Anmerkungen

- Generell sollte darauf geachtet werden, dass eine angenehme Haltung, welche über eine längere Zeit auch angenehm bleibt eingenommen wird.

- Füße sollten immer eine gute Durchblutung haben, also nicht kreuzen oder überschlagen.

- Musik, sollte zur Entspannung dienen und wenn Möglich mit einem 60 er Takt.
  Es ist nicht empfohlen, schnelle, oder aufwühlende Musik oder Geräuschkulissen zu verwenden.
  Gerne stelle ich Ihnen Trancemusik kostenlos zur Verfügung senden Sie mir einfach eine Mail an:
  info@hypnos-esslingen.de

- Schneidersitz ? Nein, denn wir machen kein Yoga, keine Gymnastik sondern Selbsthypnose.

- Liegend, Sitzend, bequem im Sessel. Wie auch immer, letzten Endes sollte es einfach Bequem sein.

- Ein Datenträger, den man sich selbst besprochen hat ist auch eine sehr hilfreiche Methode.
  (Selbst - Hypnose durch Selbsthypnose)

Eventuell, wird die oder der Eine, etwas mehr, oder etwas Anderes erwartet haben, doch wie gesagt und dies kann man nicht oft genug sagen :

- Hypnose ist keine Narkose
- Hypnose ist keine Bewusstlosigkeit
- Hypnose ist ein veränderter Bewusstheitszustand, bei dem unsere Wahrnehmung nach INNEN gerichtet ist.

Ganz sicher ist:

- Hypnose hilft uns, zu uns zu finden.
- Hypnose hilft uns zu Entspannen.
- Durch Hypnose können wir schlechte Denkweisen (dysfunktionale Grundgedanken) ändern.
- Durch Hypnose können wir Ängste abbauen.

Das wichtigste ist aber, der Glaube daran und das ständige Üben, denn Übung macht den Meister.

1.4 Suggestionen

Die Kleider, die von dem Zeuge genäht wurden,
sollten die wunderbare Eigenschaft besitzen,
dass sie für jeden Menschen unsichtbar seien,
der nicht für sein Amt tauge,
oder der unverzeihlich dumm sei.

Hans Christian Anders
Des Kaisers neue Kleider

Die Fähigkeit Suggestionen zu geben oder zu empfangen, oder auf sie zu reagieren ist für uns Menschen vollkommen normal. Der Eine mehr, der Andere weniger.
Die suggestive Beeinflussbarkeit, gehört zur psychologischen Ausstattung von uns Menschen und ist in unserem Charakter als soziales und denkenden Wesen begründet.
Fehlende Suggestibilität ist keine Stärke, sondern ist ein Zeichen für pathologische Persönlichkeitsveränderungen, wie man sie meist bei Psychosen beobachten kann.
Weder ist die Fähigkeit erfolgreich zu suggerieren und zu hypnotisieren ein Beweis für einen starken Willen, noch ist die Suggestibilität ein Indiz für Willensschwäche.
So ist es auch ganz eindeutig, das Wachsuggestionen und Hypnose unabhängig vom Willen sind.

1.4.1 Bedeutung

Der Begriff Suggestion wurde im 17./ 18. Jahrhundert eingeführt und bezeichnet die manipulative Beeinflussung einer Vorstellung oder Empfindung mit der Folge dass die Manipulation nicht wahrgenommen wird oder zumindest zeitweise für das Bewusstsein nicht abrufbereit ist.

Etymologisch ist der Begriff zurückführbar auf das lateinische Substantiv *suggestionis*, was so viel bedeutet wie *Hinzufügung*, *Eingebung* oder *Einflüsterung*, oder auf das lateinische Verb *suggerĕre (zuführen, unterschieben)*.
Die Psychologie versteht unter Suggestion eine Beeinflussungsform von Fühlen, Denken und Handeln.

Der Begriff wurde erstmals von James Braid verwendet .
* 1795; † 25. März 1860
Schottischer Augenchirurg, der in Manchester praktizierte.

Ein bekannter Spruch von ihm :

Wenn nichts mehr hilft, hilf Hypnose.

Es wird unterschieden zwischen :

- Autosuggestion   Beeinflussung durch sich selbst
- Heterosuggestion Beeinflussung durch andere.

1.4.2 Wichtige Grundregeln

Suggestionen sollten immer ethischen und moralischen Grundsätzen unterliegen

- Niemand kann gegen seinen eigenen Willen hypnotisiert werden (?).
- Allgemein wird gesagt, dass sich Suggestionen die nicht Bildhaft unterlegt wurden, sich ins Gegenteil wandeln können.
- Visualisierte, also Bildhaft unterlegte Suggestionen, verwirklichen sich wesentlich deutlicher.
- Wenn bei Suggestionen sich GLAUBE und WILLE entgegenstehen, verwirklicht sich in der Regel der GLAUBE.

Beispielstexte für Suggestionen

- tiefer und tiefer ...
- mehr und mehr ...
- beim Einatmen frische aufnehmen ...
- beim Ausatmen alles abgeben was Du nicht brauchst ...
- und beim Ausatmen tiefer sinken, tiefer und tiefer ...
- früher oder später, folgst Du Deinem Atem, ganz hinein in Deine Mitte, tief in Dein Inneres ...
- tief Entspannt ... immer tiefer und tiefer ...
- jedes Geräusch von außen ... wird immer unwichtiger, unwichtiger und nebensächlicher ...

- tief Entspannt, tiefe Zufriedenheit ... innere Ruhe ...
- und Du spürst diese wohlige Entspannung ...
- dein Herzschlag, deine Atmung sind ruhig ...
- da ist Ausgeglichenheit, da ist tiefe Entspannung, hast losgelassen ...

Nicht vergessen sollte man das Wiederholen der suggestiven Texte, denn zwei bis drei Wiederholungen, verinnerlichen sich tiefer.

Unsere Ziele, die Vorsätze sind natürlich eine Basis der Gedankenarbeit.
Sprich zu DIR, DIREKT oder INDIREKT in Du-Form oder in der dritten Person, laut, leise, innerlich, letztendlich muss jede/r für sich ganz privat herausfinden wie die beste Reaktion, also TRANCE, erreicht wird.

1.5 Ausleitung / Rückführung

Jede Sitzung hat ein natürliches Ende!
Es drückt die Blase!
Man hat einfach Lust wach zu werden!
Und vieles Andere ...

Meist taucht man selbst wieder aus der Trance auf, einfach so, wie man eben nach dem Schlafen aufwacht.
Es besteht jedoch auch die Möglichkeit, sich zurück zu führen, so dass man sich von vornherein im Vorsatz auch eine Ausleitung zurechtgelegt hat.
Hilfreich ist die einfache Methode – das Auszählen.

Eine Methode ist von 1 auf 5 zu zählen und sich bei jeder Zahl suggerieren, „ich werde wacher ..." und sich so dem Wachbewusstsein, mehr und mehr nähern.

1. Ich komme mehr und mehr zu mir
2. Alle Schwere weicht aus meinem Körper
3. Mein Puls meine Atmung nehmen wieder für mich normale Werte an
4. Bei der nächsten Zahl öffne ich meine Augen
5. öffne die Augen, Ich bin wieder zurück im hier und jetzt

(Zahlen sollten immer deutlich gesprochen werden)

Man kann sich auch eine Treppe vorstellen und bei jeder Stufe kommt man mehr zurück ins hier und jetzt.

Auch eine beliebte Methode ist sich die Zeit zu begrenzen, indem man sich einen Wecker stellt.
Hierzu eignen sich angenehme Töne und Klänge, welche man im Vorfeld schon als Wachmuster definieren sollte.

Bei Sitzungen am Abend im Bett, zumal wenn es sich um reine Entspannung handelt, kann man sich aber auch einfach fallen lassen, sich eine angenehme Ruhe (Nachtruhe) wünschen und den entspannten Zustand sacken lassen ...
Der nächste Morgen kommt und wenn man dann aufwacht ist die Ausgeglichenheit die Ruhe und Kraft spürbar.

2 Methoden der Selbsthypnose

In diesem Kapitel werden wir uns nun mit der praktischen Anwendung und verschiedenen Methoden der Selbsthypnose beschäftigen.

2.1 Selbsthypnose, Trance durch Hypnose, Trigger

Bei dieser Methode stoßen wir im Bereich Selbsthypnose auf eine Ausnahme da der sogenannte „Hypnose Trigger" (also die Verankerung eines Trigger Punktes) zuvor von einem Hypnotiseur in einer regulären Sitzung gesetzt wird.

Dieser Anker sollte vom Hypnotiseur aufgrund der Tatsache dass die spätere Selbsthypnose weniger tief empfunden wird im somnambulen Stadion gesetzt werden.
Wichtig ist auch das dieser Befehl getestet wird, sowie das Üben und die damit verbundene Festigung (Konditionierung).

Doch unser Ziel ist die Selbsthypnose ohne ein zutun Dritter.

2.2 Induktion nach Betty Erickson

Eine weitverbreitete Methode auch unter dem Namen 3-2-1 Methode ist die Trance Induktion nach Betty Erickson (Ehefrau des Begründers der modernen indirekten (klinischen) Hypnose). Hier wird die Trance eingeleitet, indem die Aufmerksamkeit langsam von außen nach innen verlegt wird.

Anwendung :

Nehmen Sie bitte eine bequeme Haltung ein. Achtung, eine bequeme Haltung ist, ein Zustand indem man eine gewisse Zeit über verweilen kann, ohne das hierbei Gliedmaßen einschlafen können, oder das man ständig dazu gezwungen wird die Haltung zu verändern (wobei eine Haltungsänderung nicht zwangsläufig störend ist).
Wichtig ist auch, das sollte für jede Entspannungsübung gelten, sich angenehm warm zu halten, denn durch die Entspannung sinkt der Blutdruck, der gesamte Stoffwechselhaushalt fährt herunter, so kann es durchaus vorkommen, das ein Gefühl von „mich fröstelt" entsteht.
Absolutes Gift ist Füße überschlagen oder zu überkreuzen.

Bei dieser Methode werden nacheinander verschiedene Sinne angesprochen:

VISUELL – AKUSTISCH - KINÄSTHETISCH

Visuell

Suchen Sie sich Bitte nun im Zimmer drei Dinge die Sie sehen und sagen sie deren Bezeichnung zu sich selbst.

- ... Ich sehe die Deckenlampe ...
  (kurze Pause ... 1-2 sec.)
- ... Ich sehe den Kaktus am Fenster ...
  (kurze Pause ... 1-2 sec.)
- ... Ich sehe die Uhr an der Wand ...
  (kurze Pause ... 1-2 sec.)

Bitte darauf achten, das immer eine kurze Pause von 1 – 2 Sekunden eingehalten wird.

Akustisch

Suchen Sie nun Bitte drei Geräusche in Ihrer Umgebung.

- ... ich höre das ticken der Wanduhr ...
  (kurze Pause ... 1-2 sec.)
- ... Ich höre Vögel singen ...
  (kurze Pause ... 1-2 sec.)
- ... ich höre meinen Atem ...
  (kurze Pause ... 1-2 sec.)

Kinästhetisch

Suchen sie nun Bitte drei körperliche Sinneseindrücke die Sie sich aufzählen.

- ... ich fühle meinen Rücken auf dem Sessel ...
  (kurze Pause ... 1-2 sec.)
- ... ich fühle die Wärme an meiner Haut ...
  (kurze Pause ... 1-2 sec.)
- ... ich fühle die Hose an meinen Beinen ...
  (kurze Pause ... 1-2 sec.)

Die Vorgehensweise wird nun mit je 2 und dann je 1 Sinneseindruck wiederholt (Pausen dazwischen nicht Vergessen)

- 2 x Sehen
- 2x Hören
- 2x Fühlen

- 1x Sehen
- 1x Hören
- 1x Fühlen

Danach schließen Sie die Augen und wiederholen das Ganze. Dieses mal jedoch mit imaginären, also Vorgestellten Wahrnehmungen.

- **3 mal Visuell**

... ich sehe eine schöne Wiese ...
...
...

- **3 mal Akustisch**

... ich höre den Wind in den Bäumen ...
...
...

- **3 mal Kinästhetisch**

... ich fühle den warmen Wind in meinem Gesicht..
...
...

- Danach erfolgt noch je 2 mal (Sehen, Hören, Fühlen)

- Danach erfolgt noch je 1 mal (Sehen, Hören, Fühlen)

Nun sollten Sie sich in einer mittleren bis tiefen Trance befinden.

(Jetzt wissen Sie auch warum diese Methode 3-2-1 genannt wird).

2.3 Augenschluss Methode

Diese Methode stammt eher aus der heterogenen Hypnosepraxis, jedoch hat sich gezeigt, dass manche Menschen mit dieser Vorgehensweise eine angenehme und entspannte Trance erreichen können.

Anwendung :

Suchen Sie Sich eine bequeme Lage in der Sie auch über eine längere Zeit entspannt verweilen können.
Eine angenehme Trance Musik ist hier auch hilfreich (generell).
Suchen Sie sich einen Punkt an der Wand, an der Decke oder sonst wo im Raum (man kann sich auch einen Punkt anbringen). Die beste Wirkung ergibt sich, wenn der Blick auf diesen Punkt ungefähr die Position des „dritten Auges" hat, also oberhalb der Nasenwurzel.

Konzentrieren Sie sich auf diesen Punkt und suggerieren Sie sich, wenn möglich sprechen Sie nur während des Ausatmens zu sich (im Stillen oder aber auch laut).

- Konzentriere Dich auf den Punkt
- Ganz ohne zu Blinzeln
- Fester
- Tiefer und tiefer
- Es kann sein, das sich die Konzentration verändert

- Der Punkt einen weißen Hof um sich hat
- Mal scharf ... mal unscharf wird
- Sich bewegt
- Müder und müder ... werden Deine Augen
- Schwerer und schwerer ... die Augenlieder
- Eventuell verspürst Du ...
- Ein leichtes brennen
- Manche schließen jetzt die Augen
- Tiefer und tiefer
- Schwerer und schwerer

! Wenn Sie die Augen noch nicht geschlossen haben, können Sie dies jederzeit tun.

Nach Augenschluss:

- Tiefer und tiefer
- Müder und müder,
- Entspannter und entspannter
- Ich spüre meinen Atem
- Ich spüre die Unterlage an meinem Rücken
- Tiefe Entspannung ...

Diese Methode erfordert in der Regel etwas Hypnose Erfahrung, auch kann der Text in Ich Form oder in 3.Person gesprochen werden. Wenn man das Gefühl hat, man kommt nicht so recht in die Trance, können die Augen auch nochmals geöffnet werden und erneut den Punkt fixieren. Hier wird man dann in der Regel schnell feststellen, wie diese rasch zu brennen oder gar zu tränen beginnen. Dadurch ist man froh diese wieder schließen zu dürfen. Danach wiederholt man wie oben nach Augenschluss.

Anmerkung :

Jeder erneute Augenschluss, vertieft die Trance, wobei nicht einfach unendlich viele Augenschlüsse vorgenommen werden sollten. Zwischen den einzelnen Augenschlüssen, sollte eine Mindestdauer von 30 Sek. liegen.

2.4 Zähltechnik

Ebenfalls eine rasch erlernbare Methode ist die Zähltechnik. Stellen Sie sich einfach vor, Sie stehen vor einer Treppe, oder einem Aufzug. Jede Stufe, oder jedes Stockwerk ist ein Schritt weiter hin zum Ziel zur Trance.

Nehmen Sie sich etwa 5-10 Stufen / Stockwerke vor und bei der oder dem letzten angekommen werden Sie in Trance sein.

Nehmen Sie eine bequeme Lage ein .... schließen Sie die Augen ... (Trancemusik)

Starten Sie und zählen die Stufen / oder Stockwerke, bei jeder Zahl geben Sie sich Suggestionen:

- es ist ruhig hier
- näher und näher rückt die Entspannung
- je tiefer ich gehe, je ruhiger werde ich
- bei der nächsten Stufe werde ich doppelt so tief in die Entspannung sinken
- tiefer und tiefer ; mehr und mehr ...

Achten Sie darauf, das Sie ruhig zu sich sprechen, das Sie ohne Hast und oder Eile sind. Sprechen Sie generell beim Ausatmen. Es ist nicht wichtig Sätze zu ende zu sprechen, teilen sie diese auf wie es zu Ihrem Tempo passt. Danach sollten Sie eine angenehme Trance erreicht haben.

2.5 Atemtechnik / Entspannung

Wählen Sie einen ruhigen, bequemen Platz.
Eventuell eine sanfte Musik im Hintergrund.
Gedämpftes Licht nicht zu grell, aber auch nicht zu dunkel.

Dann macht man es sich so richtig bequem. Manche mögen es gerne liegend, andere wiederum bevorzugen eine sitzende Haltung, doch letztendlich ist das ganz Ihnen überlassen.
Eine leichte Decke ist immer zu empfehlen, da es in der Entspannung wie schon gesagt zu einem verminderten Stoffwechsel kommt, beginnt man auch gerne leicht zu frieren.
Nun versucht man ABZUSCHALTEN, konzentriert sich nach INNEN, weg von den Alltagsgedanken.

Achtung: Das Abschalten nicht zu sehr Versuchen, da man sich sonst gerne Verkrampft. Loslassen einfach FREI GEBEN ... und das Abschalten kommt von alleine, ist einfach da.

Schließen Sie nun die Augen und bauen Sie die Entspannung mehr aus.
Hilfreich ist, wenn Sie sich einfach vorstellen, Sie geben alle Alltagsprobleme ab, immer mehr, immer weiter weg.
Einfach beim Ausatmen mit abgeben.

! Anmerkung
Hier kann man wirklich gut mit Visualisierungen arbeiten:

- Man gibt ALLE ANSPANNUNG aus sich heraus, legt diese auf eine kleine Wolke, welche dann weiter und weiter davon schwebt.

- Man kann sich auch sagen ... bei jedem Ausatmen alles abgeben ... und bei jedem Einatmen Frische aufnehmen ...

- Man visualisiert einen weißen Punkt über sich dessen Energie in einen eindringt ... Energie der Ruhe, Energie der Entspannung ... und spült alles weg, alles was man gerade nicht benötigt.

Jetzt, nachdem man die erste Ruhe gefunden hat, beginnt die eigentliche Selbsthypnose Einleitung.

- Konzentrieren Sie sich auf Ihren Atem.
- Atmen Sie tief ein ... und zählen innerlich bis drei ...
- Ausatmen ... und zählen innerlich bis vier ...
- Diesen Atemrhythmus 3:4 wiederholen Sie 2 bis dreimal.
- Suggerieren Sie sich ...
    » beim Einatmen frische aufnehmen.
    » Beim Ausatmen alles abgeben was man nicht mehr benötigt.

Sie werden feststellen, das Sie irgendwann in einen Atemrhythmus zurückkommen, einen entspannten und sehr ruhigen ...
Es wird weiter auf die Atmung geachtet, irgendwann stellt sich dann ein Auto-Rhythmus ein.

Hier kann man auch weitere Suggestionen verwenden.

- Sagen Sie sich beim Ausatmen:
    - » Tiefer und tiefer
    - » Tiefer wird die Entspannung
    - » Mehr und mehr
    - » Mehr Ruhe

- Beim Einatmen :
    - » Frische und Entspannung
    - » Energie und Ruhe.

Sie werden feststellen, dass eine gewisse Entspannung erreicht ist. Jetzt haben Sie die erste Stufe der Selbsthypnose erreicht.

Genießen Sie es, diese Entspannung ...
Wenn Sie weiter wollen, also eine noch tiefere Trance und gegebenenfalls spezielle Suggestionen geben möchten, können Sie jetzt weiter arbeiten, mit der so genannten Intensivierung.

Intensivierung

Man stellt sich eine Treppe vor, mit etwa 10 Stufen,
die Treppe sollte nach unten gehen.
(Ein heller Flur, eine sanfte Treppe mit 10 Stufen nach unten …)
Diese Treppe führt einem zu einem Zimmer, zu seinem eigenen Raum der Entspannung, des Wohlfühlens, der Sicherheit.

Gehen Sie nun im Geiste die Treppe hinab.
Die Stufen werden dabei rückwärts gezählt (10-0).
Bei jeder Stufe kann man sich auch Suggestionen geben wie :

- mit jeder Stufe tiefer und tiefer
- tiefer und tiefer
- mehr und mehr
- ruhiger und ruhiger
- tiefer … und bei der nächsten Stufe doppelt so tief …
- tiefer in diese schöne Ruhe eintauchen …
- je tiefer ich gehe, desto tiefer wird meine Entspannung …

Bevor Sie das Ende der Treppe erreichen, zwischen den Zahlen eins und null, können Sie auch noch folgendes suggerieren:

Bei Null angelangt, sinke ich noch viel tiefer, doppelt so tief, in diese wunderschöne Entspannung, in diese tiefe Ruhe …

Bei NULL angekommen, stehen Sie in Ihrem Raum …
Schmücken Sie diesen Raum aus, so wie es Ihnen gefällt …

z.B.: Ein heller weißer Raum, mit einer weißen Liege, auf welche Sie sich nun legen können, die Ruhe genießen …
Sehen Sie sich dabei zu …
Wie Sie dort im Raum auf der Liege die Augen schließen …
Träumen, einen anderen Traum in einem anderen „Schlaf" …

Jetzt sollten Sie in einer MITTLEREN bis TIEFEN Trance sein. Anfänglich ist es sicher Sinnvoll die Intensivierung erst vorzunehmen, nachdem man schon einige Versuche (Erfahrung) mit Selbsthypnose gemacht hat.

Rücknahme der Hypnose

Beginnen Sie einfach sich zu sagen, das es auch für die schönste Entspannung ein Ende gibt …
Und ich werde nun langsam zurückkommen …
Werde immer wacher …
Werde mich ausgeruht und entspannt fühlen.
Spüre mehr und mehr die Unterlage …
Einen Drang mich zu bewegen und öffne die Augen.

(Weitere Ausleitungen wurden bereits besprochen und wie auch schon erwähnt, Sie können auch einfach Schlafen, richtig Einschlafen … beim Aufwachen sind Sie ZURÜCK im HIER und JETZT).

3 Anwendungsgebiete

Das Spektrum der Anwendungen bei Selbsthypnose ist sehr weitreichend und reicht von Meditation, Entspannung, Innere Ruhe, Selbstsicherheit, Hilfe gegen Ängste, Reduktion von Schmerzen, bis hin zur Veränderung von dysfunktionalen Grundannahmen.

In der Regel erreichen wir unser Ziel durch den positiv erarbeiteten Vorsatz. Positiv heißt aber in unserem Falle nicht unrealistisch, denn dies würde sich letztendlich ins Gegenteil verwandeln.

Einer Anwendung wollen wir uns nachfolgend noch etwas detaillierter zuwenden. Schmerzen, Schmerzlinderung, Schmerztherapie. Oftmals sind hier schon kleine Erfolge der Weg zu einem erträglichen Leben.

3.1 Analgesie und Anästhesie

Anwendung in Selbsthypnose

Ein schwieriges Thema und nicht zuletzt auch ein gefährliches Thema. Schnell ist man dabei etwas zu suggerieren, Erwartungen zu wecken, letztendlich ist ein vorsichtiges und verantwortungsvolles Umgehen die Voraussetzung.

Analgesie und Anästhesie im engeren Sinn sollten daher nur von ausgebildeten Hypnosetherapeuten angewandt werden.
Denn Schmerzunempfindlichkeit und Schmerzlosigkeit welche nicht funktioniert, kann zu einem bösen Erwachen führen.
Das durch Hypnose / Selbsthypnose eine Schmerzlosigkeit, eine Schmerztherapie oder eine vorübergehende lokale Schmerzunempfindlichkeit möglich ist steht hier außer Frage.
Es gibt genügend fundierte wissenschaftliche Untersuchungen, welche den Beweis erbracht haben.
Und wenn man an die Vergangenheit denkt, an die Zeit von vor Narkotika, wo viele Operationen mit Hilfe von Hypnose schmerzfrei durchgeführt wurden.

Selbsthypnose nimmt einem zum Beispiel die Angst vor Spritzen, die Angst vor dem Zahnarztbesuch und gib einem eine entspannte Haltung. Doch auch eine wirkliche Schmerzlinderung bis hin zur Schmerzlosigkeit ist möglich.

Ziel

Analgesie – als Schmerztherapie

Anästhesie - vorübergehende, lokale Schmerzlosigkeit

Als erstes wollen wir abklären, was Analgesie, was Anästhesie ist. Wikipedia gab da eine recht gute Antwort:

Unter Analgesie (altgriechisch ἄλγος álgos ‚Schmerz' mit Alpha privativum, also ‚kein Schmerz') versteht man in der Medizin das Ausschalten von Schmerzen als Schmerztherapie. Dieses kann entweder durch Verringerung oder Unterbrechung der Erregungsleitung oder durch Gabe von Medikamenten (Analgetika und Sedativa, zusammen in der Analgosedierung) geschehen. Der Begriff wird teilweise synonym zur Anästhesie verwendet. Während bei dieser jedoch sämtliche Empfindungen ausgeschaltet werden, bleibt beispielsweise die Berührungsempfindlichkeit unter Analgesie erhalten. Bei einer Verletzung mit Durchtrennung von sensiblem Nervengewebe ist mit der Analgesie im Regelfall auch eine Anästhesie verbunden. Normalerweise kommt es daher auch bei örtlicher Schmerzausschaltung (lokaler Analgesie) durch den prinzipiellen Wirkmechanismus der eingesetzten Medikamente zur Lokalanästhesie.

Wikipedia Mai 2016

Die Anwendung

Besonderes Augenmerk gilt der Schmerztherapie, hier sei nochmals darauf hingewiesen, dass einer Behandlung immer eine Diagnose zugrunde liegt und eine Diagnose ist nur Personen mit einer Heilerlaubnis gestattet (Ärzte, Heilpraktiker).
Auch sollte man immer daran denken, dass der Körper, wenn er Schmerz aussendet ein Zeichen damit gibt, welches darauf hinweist, das etwas nicht in Ordnung ist.
Schmerz einfach abzuschalten, ohne die Ursache zu beseitigen, oder überhaupt zu beachten, oder im schlimmsten Fall nicht zu kennen ist weit mehr als ein therapeutischer Fehler ist grob Fahrlässig.
Jegliches drauflos ANALGESIEREN ist GEFÄHRLICH, ohne fachliche Kenntnisse, von körperlichen und psychischen Zusammenhängen, ohne das Wissen was Schmerz ist, woher er kommt, wozu er dient, wird der Schaden größer sein als der Nutzen.

Sicherlich ist eine Selbsthypnose Intervention bei Regelschmerzen, „normalen" Kopfschmerzen oder einem Zahnarztbesuch kein Problem, doch wie oben beschrieben, sollten Sie die Ursache kennen. Verantwortung, Selbstverantwortung sind die Grundlage einer Erfolgreichen Intervention.
Wir sollten hier nicht den Arzt oder Heilpraktiker ersetzten wollen, dies ist auch nicht Möglich und darauf will ich nochmals ausdrücklich hinweisen.

Grundform oder Methodik

Suggestionen geben in Form von

- Schmerzfreiheit
- einer angenehmen Kühle
- einer angenehmen Wärme
- Taubheit
- Unempfindlichkeit
- den Schmerz minimieren
- den Schmerz als erträglich einstufen
- Einstellen der Schmerzschwelle
- den Schmerzbereich abkoppeln und mit dem Körper woanders sein, diesen etwas schönes erleben lassen.

Eine sehr gute Methode ist auch gezielt durch Eiswürfel oder einen kalten feuchten Waschlappen die angestrebte Stelle zu kühlen. Hierdurch wird der Effekt erheblich schneller zur Entfaltung kommen.

Wichtig ist auch bei einem operativen Eingriff (Zahnarzt) die Durchblutung herabzusenken, oder einen Blutfluss-Stopp an der entsprechenden Stelle zu bewirken.

- die Durchblutung wird an XX weniger und weniger
- es ist durchaus möglich einen Blutfluss-Stopp an XX zu erwirken
- Stell Dir einen Regler vor, an dem Du einfach die Durchblutung für XX herabdrehst ...
- flacher und weniger wird die Durchblutung an XX

Die Methode

Analgesie und Anästhesie mit Selbsthypnose.
Hier streben wir eine relativ tiefe Trancestufe an.
Suggestionen werden wie unten aufgeführt gesprochen.

Suggestionen :

- Kühle
- oder Wärme
- Taubheit
- Unempfindlichkeit

Um die Wirkung zu festigen wenden wir die so genannte Fraktionierung an.

Einleitung –Suggestivarbeit – Ausleitung

Erneute Einleitung – Suggestion – Ausleitung

Durch das Wiederholen, wird eine Festigung (Konditionierung) des Befehls erreicht.
Die Dauer einer Wiederholung sollte bei ca. 2 bis 4 Minuten liegen.
Es wird empfohlen 3 - 5 Wiederholungen durchzuführen.

Danach erfolgt ein Test der Schmerzempfindung.

In der Regel verläuft der Test positiv und danach sind sowieso keine weiteren Konditionierungen mehr notwendig, da unser Gehirn die Schmerzfreiheit registriert hat.

Schmerz AN / Schmerz AUS Technik.

Hier wird über einen Trigger Punkt ein posthypnotischer Befehl aktiviert oder deaktiviert.

Dies kann sein :

- abstreichen der Stelle um die Anästhesie einzuschalten
- ein Codewort
- sonstige Trigger Punkte

Nachfolgender Beispieltext zeigt uns die Vorgehensweise, er kann auch als Test eingesetzt werden um die Wirkweise zu überprüfen. Beim Test wird als Körperstelle in der Regel die Hand oder der Unterarm verwendet (bei Rechtshändern der linke Arm und bei Linkshändern der rechte Arm).

Bei der „NORMALEN" Arbeit verwenden Sie die Schmerzhafte Stelle.

Beispieltext lokale Anästhesie
(oft als Handschuhanästhesie bezeichnet)

Induktion ist erfolgt ...

Du bist in einer tiefen Entspannung,
tief ... da ist Ruhe, da ist Entspannung.
Und in diesem Zustand fällt es Dir leicht,
die Gefühle zu verändern.
Da werden alle Gefühle aus „der linken Hand" weichen.
Du bist in der Lage,
nichts mehr in der „der linken Hand" zu spüren.
Und wenn Du jetzt an Deine „ linken Hand" denkst ...
spürst Du wie sie ganz taub wird ...
Fühlt sich an, als ob sie eingeschlafen ist.
Und so wird „sie" immer tauber und tauber.
Alle Gefühle, alle Empfindungen ...
sind daraus gewichen.
Und während ich zu Dir spreche,
fühlt sich Deine „ linke Hand" kälter und kälter an.
Fast so, als ob „sie" mit Eis gekühlt würde.
Und Du siehst ein Bild ...
ein Bild vor Deinem geistigen Auge.
Es ist das Bild „Deiner linken Hand" ...
wie „diese" umgeben ist von kühlendem Eis.
Und während Du dieses Bild betrachtest,
fühlt sich „Deine linke Hand" immer kälter und kälter an.
Immer tauber und gefühlloser.
Kälter, tauber und gefühlloser.
Immer kälter, tauber und gefühlloser..
Und wenn Du in Dich gehst,

direkt auf „Deine linke Hand",
dann spürst Du die Kälte,
die Taubheit und
die Gefühllosigkeit.

„Deine Hand" ist nun ... Kalt und Taub
und da Du auch keine Gefühle mehr darin hast,
werden auch bald keine Schmerzen mehr darin zu spüren sein.
Überhaupt kein Schmerz ... nichts mehr.
Wer weiß ... in ein ... oder zwei ... Augenblicken ...
werde ich langsam auf drei zählen.
Und bei der Zahl drei,
wird „die Hand" vollkommen gefühllos für Schmerz sein
und Du wirst keinen Schmerz mehr in „Deiner Hand" spüren können.
Eins ...
kälter und kälter,
kälter und tauber,
tauber und gefühlloser.
Du verlierst alle Schmerzwahrnehmung in „Deiner linken Hand".
Zwei ...
„Deine linke Hand" ist nun vollkommen taub und gefühllos,
da ist kein Gefühl ...
ist leblos, als ob „sie" eingeschlafen ist.
Drei ...
„Deine linke Hand" ist vollkommen Schmerzfrei ...
Da ist Taubheit, Kühle ...
Alle Schmerzempfindlichkeit ist gewichen.
Du spürst keinen Schmerz mehr darin.

*Aufhebung (**immer durchführen**)*

Und Du kommst zurück zu „Deiner linken Hand"
und stellst fest das „sie" beginnt sich wieder zu Normalisieren.
In wenigen Augenblicken ... fühlt sich „Deine linke Hand" ...
wieder ganz normal an.
Wird wärmer und wärmer.
Wird lebendiger und gefühlvoller.
Alle Kälte,
alle Taubheit,
alle Gefühllosigkeit ... weicht,
ja entweicht einfach aus „ihr".
Ist wieder völlig normal,
genauso normal wie „Deine andere Hand".
Voller Gefühl ...
alle Gefühle sind wieder da.
Du kannst wieder alles spüren ... fühlen ...
genauso wie in „der anderen Hand".

Dieser Text, ist für Selbsthypnose und für heterogen geführte Hypnose gleichermaßen geeignet.
Hier muss wirklich jeder für sich prüfen in welcher Form man sich den Text suggestiv nahebringt – Du Form, dritte Person.

Schlusswort

Selbsthypnose ist ein unendlicher Quell aus dem wir immer und immer wieder Kraft schöpfen können.
Es ist eine Art Arznei für die Seele die uns bei der richtigen Verwendung niemals einen Schaden zufügen wird.
Die immer zur Verfügung steht.
Frei, jeder Gebühr ist.
Hier können wir das Geschenk des Lebens entdecken ...
Unsere innere Kraft.
Unsere Instinkte, unsere Wahrnehmung verfeinern ...
Zur innere Ruhe gelangen, die Ausgeglichenheit, welche letztendlich in eine Zufriedenheit übergeht.
Unser Ziel ist es nicht Selbstzufrieden zu sein,
sondern eine Zufriedenheit in sich Selbst zu erreichen.

Ruhe und Gelassenheit
Ruhe und Entspannung
Ruhe ist Zufriedenheit

Ich wünsche ALLEN eine schöne Zeit und viel Erfolg und eine reine Zufriedenheit.

Ralf Häntzschel

Der Autor ...

Ralf Häntzschel

Heilpraktiker für Psychotherapie & Hypnosetherapeut

Jahrgang 1956, geboren in Kirchheim unter Teck .

Lebt und praktiziert in Esslingen am Neckar.

Bei Fragen senden Sie einfach ein E:Mail an:
info@hypnos-esslingen.de

Mehr Infos über **weitere Bücher** und Arbeiten des Autors:
www.hypnos-esslingen.de